ALESSANDRO CARUGINI

WEB MARKETING A COSTO ZERO

Sfruttare le Potenzialità della Rete
per Promuovere il Tuo Business e
Costruire la Tua Brand Reputation

Titolo

"WEB MARKETING A COSTO ZERO"

Autore

Alessandro Carugini

Editore

Bruno Editore

Sito internet

http://www.brunoeditore.it

Sommario

Introduzione

Caro lettore, sei hai acquistato questo ebook, sarai sicuramente curioso di capire come sfruttare "la rete" per promuovere il tuo brand o i tuoi prodotti/servizi, con un canale nuovo, un canale dinamico, dove spesso sembra che sia più importante la quantità della qualità; un ambiente veloce che è sempre in movimento. Sicuramente avrai letto, o sentito dire, di persone che hanno raddoppiato o triplicato il loro fatturato annuo grazie al Web Marketing.

Sicuramente avrai ricevuto una telefonata di qualche Web Agency che, senza impegno, è disposta a inviarti un consulente in sede per illustrarti come poter iniziare una campagna pubblicitaria online. Però, sei sempre rimasto un po' "indeciso" sul da farsi, giusto? Ebbene, questo ebook intende offrirti una guida pratica per iniziare a conoscere il mondo del Web e le sue potenzialità, senza investire cifre pazzesche. Basta soltanto un po' di tempo al giorno, molta dedizione e tanta buona volontà, oltre, chiaramente, a qualche conoscenza basilare, di HTML. Cercherò di spiegarti, nella maniera più semplice possibile, come comportarsi per iniziare una campagna web-marketing e come gestirla, in modo che, una volta capite le potenzialità del canale, tu possa avere un'idea più chiara in merito a quanti soldi investire in questa nuova forma di pubblicità.

Ovviamente, alla fine di questo ebook non sarai in grado di gestire tutta la parte relativa alle pubblicità online a pagamento, come Google AdWords o simili, per cui non potrai sostituirti a una Web Agency: il tuo "core business" non sarà il Web-Marketing, però, avrai la possibilità di conoscere l'ambiente in cui si muovono queste agenzie, potrai scegliere quella che ti sembra più affidabile, sia dal punto di vista dei costi che dei progetti proposti, ma soprattutto avrai una base di partenza che ti permetterà di capire se e come il tuo business possa colpire anche persone fuori dal tuo raggio di azione, fidelizzare i clienti già acquisiti, motivare i vecchi clienti a riprovare il tuo prodotto e incuriosire potenziali nuovi clienti o partner.

Il mio scopo è quello di spiegarti come creare un "Network" di contatti che, grazie al passa parola e alla comunione di intenti, ovvero generare movimento e far vedere a tutti che siamo presenti, ci permetterà di raggiungere una serie di persone alle quali non pensavamo neanche! L'importante è dare spazio alla fantasia, buttare giù le idee, vedere quali sono fattibili e quali no, scegliere i partner giusti e… risparmiare, almeno in questa prima fase.

Internet ci offre molti strumenti utili, cerchiamo di utilizzarli in modo proficuo. La rete non è soltanto un passatempo: possiamo trasformarla in un valido alleato.

Buona lettura!

Alessandro Carugini

CAPITOLO 1:
Come passare al web marketing

Al giorno d'oggi la maggior parte di noi ha fatto una campagna di marketing: dal volantinaggio alle affissioni, dalla pubblicità sui quotidiani locali fino a qualche spot su un'emittente televisiva o radiofonica, locale. Magari abbiamo fatto anche un bel lavoro e abbiamo contenuto i costi, oppure abbiamo approfittato di un'offerta "last minute" che ci ha fatto risparmiare qualcosa rispetto al budget pubblicitario che avevamo a disposizione. Abbiamo così realizzato la nostra campagna pubblicitaria ma... siamo davvero soddisfatti? Oppure la nostra soddisfazione è legata al fatto che crediamo di aver "risparmiato"? Ma soprattutto: siamo in grado di stabilire con precisione il ritorno dell'investimento fatto? Oppure ci basiamo su una sensazione?

Credo di scrivere quello che ti sta passando per la testa adesso se dico che sei soddisfatto perché hai speso poco, ma non sai se queste campagne siano davvero efficaci. Giusto? Purtroppo ci siamo passati tutti…

Un simile modo di procedere non rende possibile una pianificazione marketing nel lungo periodo: ogni volta che si presenta la necessità di una campagna pubblicitaria, di qualsiasi tipo, la nostra base di partenza è data solo da dati "non precisi" e il fulcro della nuova campagna pubblicitaria sta principalmente nell'entità del prezzo che riusciamo a strappare alle varie agenzie. Tutto ciò ci porterà ad avere una perdita di tempo enorme e una spesa, non un investimento pubblicitario, in quanto non saremo in grado di sapere, a fronte di una uscita ad esempio di 1000 €, quale ritorno avremo.

Ciò non significa che la pubblicità tradizionale non sia utile, anzi, nei prossimi capitoli analizzeremo proprio la sua importanza e la sua interazione con la pubblicità online, tuttavia ogni campagna promozionale è efficace se si stabilisce a priori un obiettivo coerente con la medesima.

Pertanto posso fare una campagna di volantinaggio per promuovere un'offerta specifica o un prodotto particolare, oppure posso fare un'affissione per fare "brand" e farmi conoscere sul territorio... Posso fare qualsiasi cosa, ma devo avere ben chiaro, prima di iniziare, il mio obiettivo. Deve trattarsi di una "meta" raggiungibile. Inoltre, è assolutamente necessario che, una volta intrapresa una qualsiasi campagna promozionale, io tenga sotto controllo i miei nuovi, o potenziali, clienti. In assenza di siffatta verifica, il mio lavoro è destinato a essere dimenticato e quindi non potrà essermi utile per il futuro.

SEGRETO n. 1: stabilisci un obiettivo raggiungibile da ottenere con la tua campagna di Web Marketing nel medio lungo periodo.

Faccio subito un esempio pratico: siamo a Maggio e decido di fare un'azione di volantinaggio per promuovere uno sconto del 20% su un particolare prodotto. Ovviamente, per attirare più persone nel minor tempo possibile, scrivo che questa offerta è valida fino al 31 Maggio. L'aver apposto questa data sembra rendermi "tranquillo" dal punto di vista statistico, nel senso che tutte le persone che verranno da ora a fine mese a comprare quel determinato oggetto, con tutta probabilità, saranno stati indotti all'acquisto proprio da questa reclame. Ma questo non è del tutto vero. In realtà, da ora, fino a fine anno, dovrò chiedere a tutti coloro che entreranno in contatto con la mia azienda, per qualunque motivo, come mi hanno conosciuto, in modo da tenerne traccia mese dopo mese.

In questo modo, a fine anno, saprò quante persone mi hanno contattato perché hanno visto il volantino, quante per passa parola e quante per caso. Avrò una statistica mensile, in modo da poter anche constatare quanto tempo impiegano le persone per prendere una decisione. Adesso sembra facile, ma chi, nell'arco della sua carriera lavorativa, ha fatto questo tipo di statistica costantemente? Quanti sanno che un'azione di volantinaggio fatta oggi può portare risultati anche fra 3 mesi? Oppure può anche non portare risultati…

Non ci dobbiamo abbattere se le cose non vanno nella direzione sperata e non dobbiamo essere al settimo cielo se le cose vanno bene. Quindi, non è opportuno avere fretta di tirare le somme: aspettiamo almeno un anno e poi verifichiamo quante azioni abbiamo realizzato, che risultati abbiamo ottenuto e quanto tempo abbiamo impiegato per raggiungere ognuno di essi. Dopodiché saremo in grado di decidere quali azioni eliminare e quali modificare o aggiungere.

SEGRETO n. 2: tieni una statistica dettagliata di tutte le tue azioni pubblicitarie e ricorda che quello che fai oggi può portarti risultati anche "domani". Dopo verifica quali azioni eliminare e quali modificare o aggiungere.

Quindi, come posso fare per avere una statistica esatta di ogni investimento che faccio? Semplice: internet! Oggi tutti parlano di internet e *social media marketing*, tutti parlano di *web marketing*, però gli imprenditori ne hanno paura, come è normale che sia, visto che è nella natura umana aver paura di tutto ciò che non si conosce. A causa di questo blocco, molte piccole e medie aziende, preferiscono non essere su internet. Non hanno un sito web, non sono presenti nei social network e non riescono a stringere rapporti con il cliente nella modalità "uno a uno". Preferiscono spendere soldi in campagne pubblicitarie "tradizionali" e aspettare la reazione del cliente. Grazie a internet, invece, può essere l'azienda, e quindi voi stessi, a suggerire al cliente cosa fare:

lasciare i propri dati per essere contattato in seguito, iscriversi a una newsletter, acquistare un prodotto on line, scaricare una brochure informativa e molto altro. Ma perché queste aziende non lo fanno? Perché molti imprenditori hanno un certo timore a sentir parlare di Sito Web, Campagna Promozionale On Line, Social Media?

A mio parere, eccetto i casi in cui ci scontriamo con ancora scarse conoscenze informatiche, spesso la risposta dipende dalla paura che qualcuno possa parlar male di loro: qualche cliente insoddisfatto, qualche ex dipendente, oppure anche solo la concorrenza. Quindi, preferiscono non esserci, nella speranza che nessuno si ricordi di loro!

SEGRETO n. 3: più persone riuscirai a raggiungere, più sarà facile incrementare il numero dei tuoi potenziali clienti. Internet può aiutarti.

Proviamo allora a vedere la cosa da un altro punto di vista e iniziamo a considerare internet come un alleato che potrà aiutarci a raggiungere nuovi clienti con azioni semplici e mirate. Del resto, soltanto se un'impresa è presente può rispondere. Se nasce un dubbio in un potenziale nuovo cliente, può subito dissiparlo, convincendo la persona a provare il prodotto e facendolo ragionare su qualcosa di concreto, non su qualcosa che ha sentito dire da altri.

Quanto costa tutto questo? Può costare zero in termini economici, ma ne potremo avere un ritorno enorme per quanto riguarda la "brand reputation". Infatti, se il nostro marchio sarà sempre pubblicizzato e presente, nel caso in cui qualcuno ne parli male, avremo la possibilità di difenderci non soltanto con le nostre parole, ma anche attraverso l'aiuto spontaneo dei nostri clienti.

Cosa fare dunque? Se non vogliamo o non possiamo farlo noi stessi, basta individuare una persona all'interno del nostro staff che abbia delle basi informatiche, che abbia voglia di passare un paio di ore al giorno su internet e che abbia voglia di imparare a utilizzare, in maniera semi professionale, alcuni siti web ormai entrati nella quotidianità, come Google, Facebook, YouTube e Wordpress (o altro CMS gratuito come Joomla oppure Drupal).

Sembra impossibile che questi colossi siano gratuiti vero? E in effetti non lo sono del tutto: esistono dei tools, o delle funzioni, che questi portali mettono a disposizione per velocizzare le operazioni, però questo risparmio di tempo richiede un investimento in denaro. Per il momento mettiamoli da parte. Siccome partiamo da zero e non abbiamo nessuna esperienza, questo sistema ci richiederebbe un'uscita economica con uno scarso ritorno sull'investimento.

In questo ebook mi occuperò di analizzare solo alcune azioni che è possibile porre in essere gratuitamente, le altre dovrai provarle da solo, in modo da poter fare ciò che ti piace e che più ti rappresenta. Tieni presente che queste applicazioni sono tantissime e ogni giorno ne vengono create di nuove!

Vediamo immediatamente come e cosa possiamo fare.

Intanto dobbiamo creare una strategia *ad hoc* che faccia al caso nostro rispondendo a una semplice domanda: «Che cosa vogliamo promuovere?» Visto che stiamo partendo da zero, o quasi, possiamo tranquillamente rispondere: «Noi stessi, il nostro brand, la nostra azienda, il nostro marchio». Per farlo in maniera logica e più produttiva possibile possiamo partire da Google.

SEGRETO n. 4: Internet deve servirti anche a creare brand: un marchio pubblicizzato e presente avrà la possibilità di essere difeso anche dagli stessi clienti!

Tutti sappiamo che Google è il motore di ricerca più utilizzato al mondo, circa il 68% delle ricerche che vengono effettuate nel World Wide Web, vengono fatte tramite "il motore dei motori". Ciò significa che se voglio essere trovato dagli utilizzatori del web, devo iniziare a concentrarmi su questo motore di ricerca.
A questo punto mi si aprono due strade.

In base alla prima posso creare un account gratuito, studiarmi i vari webinar che lo stesso Google mette a disposizione e iniziare a utilizzare Google AdWords. Quest'ultimo è il metodo a pagamento che consente di essere nella prima pagina della SERP (la pagina dei risultati di un motore di ricerca), quando una persona digita determinate parole chiave. Semplice, però non è quello che dobbiamo fare: rischieremo solo di buttare via del tempo e molto denaro! Non ci facciamo ingannare dall'illusione consumistica "pago e ottengo un risultato immediato". Internet, come tutto del resto, non funziona proprio così: soltanto con calma riusciremo a capire quanto profitto potremo trarre da Internet.

Ci sono agenzie specializzate che ci aiuteranno con le campagne AdWords, ci consiglieranno sul budget da investire e ci aiuteranno a seguire giornalmente la nostra campagna pubblicitaria su Google. Non cerchiamo strade "rapide", non esistono. Non ci possiamo improvvisare esperti: AdWords tiene conto di molti, anzi troppi, fattori e solo un utente esperto può gestirli come si deve. Quindi, per il momento, soprassediamo. Una volta che avremo imparato a conoscere l'universo di Internet e, nello specifico, il pianeta del Web Marketing, saremo pronti a contattare una Web Agency che ci farà una campagna "Pay Per Click" di alto livello e troverà la strada in discesa, perché noi stessi glie l'avremo preparata. In questo modo il nostro investimento avrà un ritorno maggiore.

Google profiles

Volenti o nolenti, siamo costretti a seguire la seconda strada: registriamo gratuitamente un account su Google e creiamo il nostro profilo a questo indirizzo: http://www.google.com/profiles.

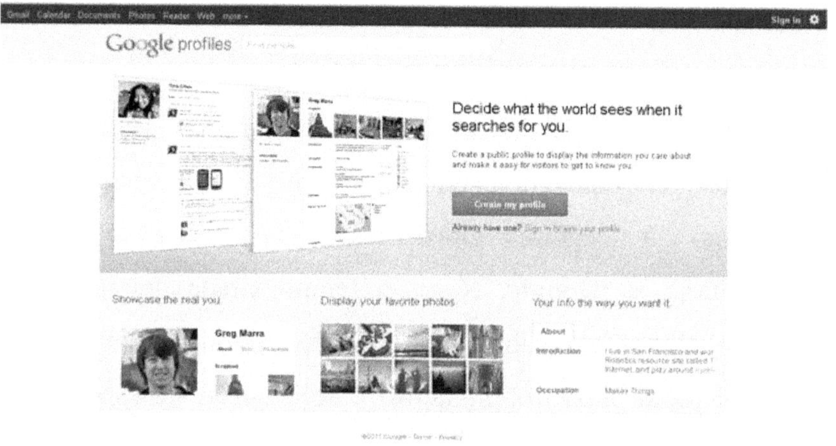

I Google Profiles sono nati nel 2009 e sono un vero e proprio "anti-Facebook". Google permette ai suoi utenti di creare e personalizzare il proprio profilo proprio come il più famoso social network. Al momento i Google Profiles non sono tantissimi, però Google a questo progetto crede moltissimo: «Un profilo su Google è semplicemente il modo in cui si rappresenta se stessi sulla rete. Grazie al nuovo Profiles, gli utenti possono far sapere a chiunque usi Google chi sono e cosa fanno. E hanno il controllo sulla quantità di informazioni che vogliono condividere», dice un comunicato stampa del motore di ricerca.

Visto che è gratuito, è ottimizzato per Google e nasce con l'idea di poter utilizzare questa tecnologia anche per fare compravendite sul web. Dunque, conviene creare il proprio profilo.

Le basi della creazione di questo profilo le analizzeremo dopo; adesso siamo su Internet con un profilo gratuito, ma non abbiamo ancora finito con Google: il motore di ricerca della Mountain View ci permette di registrare la nostra azienda anche su Google Places, altra applicazione gratuita che fornisce la possibilità, anche a un utente non esperto, di ottimizzare il posizionamento tra le mappe di Google e di acquisire visibilità locale nel momento in cui un navigatore ponga in essere una ricerca abbinando il genere di attività con quello della località.

Sito Internet

Manca ancora qualcosa... Secondo te cosa manca adesso? Esatto, manca il nostro “biglietto da visita on line”: il Sito Web. Sfatiamo subito il mito secondo cui sarebbe necessario avere un portale di enormi dimensioni, realizzato con gli ultimi software grafici; in realtà, basta anche un minisito nel quale aggiungere tutte le informazioni che rappresentano la nostra azienda e che sia di facile utilizzo per i nostri utenti. Anche per la realizzazione del nostro sito abbiamo di fronte a noi le solite due strade: la prima consiste nell’andare in un’agenzia specializzata, vedere le soluzioni che ci vengono offerte, scegliere quella che più ci piace e farla realizzare.

La seconda strada prevede l’utilizzo di una risorsa, con competenze informatiche e conoscenze di HTML, interna all’azienda, di cui già abbiamo parlato all’inizio. Se optiamo per questa alternativa, andiamo a uno dei seguenti indirizzi:

http://it.wordpress.com/

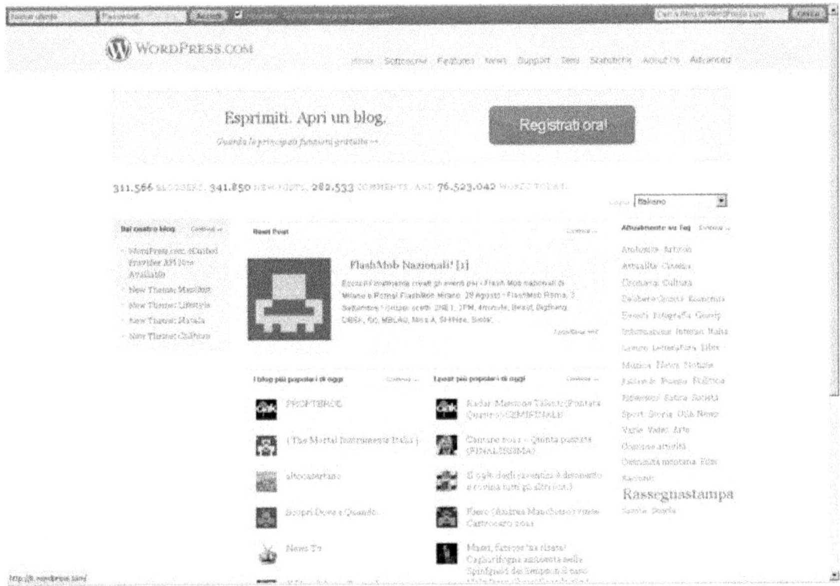

http://www.joomla.org/

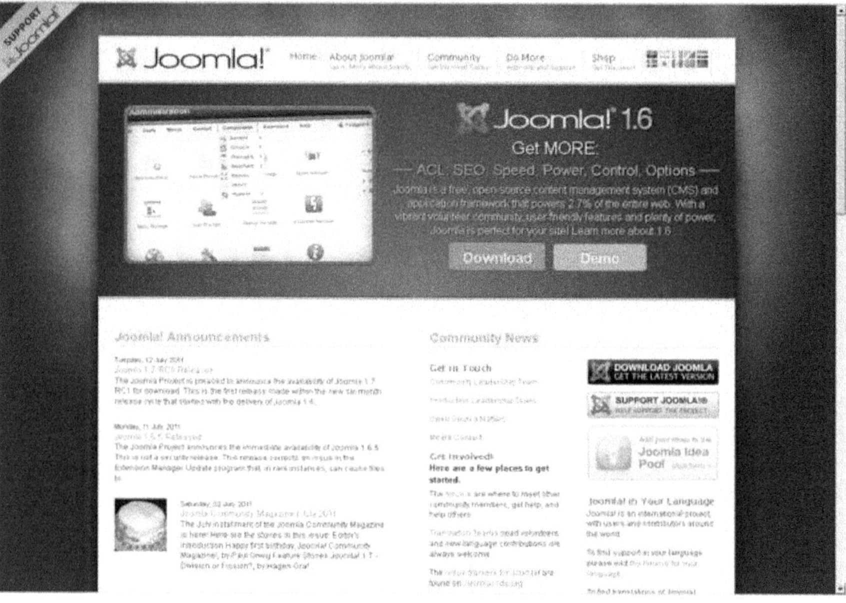

http://drupal.org/.

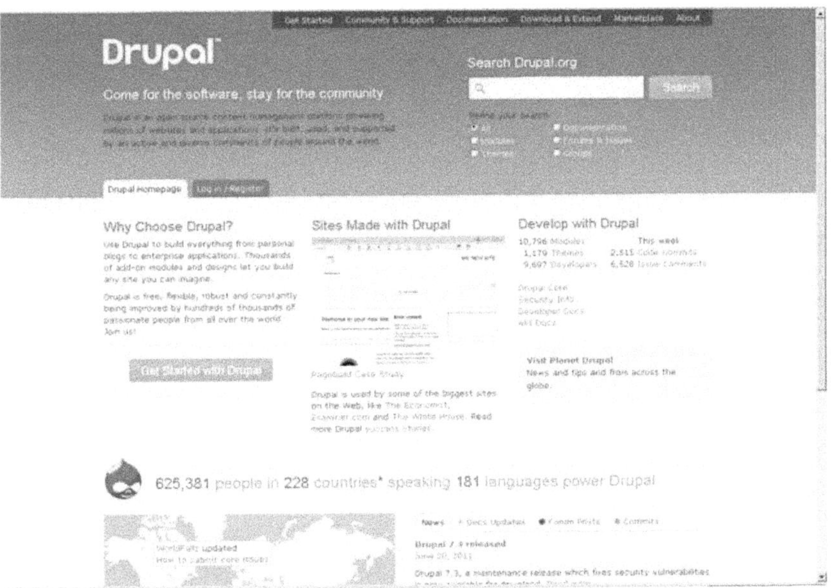

Questi tre siti Internet rappresentano i tre CMS gratuiti più usati al mondo. Diamo un'occhiata a cosa è possibile fare con ognuno di essi e scegliamo quello che fa al caso nostro. Ovviamente questa scelta deve essere avallata dalla nostra risorsa, visto che poi sarà proprio questo nostro collaboratore a dover fare il lavoro. Scelto il CMS ci registriamo e creiamo il nostro sito/blog. Questi tre Content Management System ci permettono di utilizzare tantissimi layout già preconfezionati, basta solo cambiare le immagini e il gioco è fatto. Nel giro di un paio d'ore avremo il nostro piccolo sito. Adesso lo dobbiamo "riempire" di contenuti, e qui la fantasia si sbizzarrisce. Possiamo iniziare creando una piccola pagina con un po' di storia della nostra società, nonché con l'indicazione di cosa facciamo e quali sono i nostri prodotti; possiamo inserire foto e commenti dello staff, commenti dei nostri più affezionati clienti e tutto ciò che ci permette di avere dei contenuti di qualità. L'importante è che siano divisi in sezioni facilmente individuabili, per necessità di garantirne l'ottima fruibilità da parte dell'utente.

Peraltro, se non sai cosa inserire Internet ti dà una mano! Infatti, basta che tu vada sul sito di un'azienda, o di un prodotto, che ti piace: potrai vedere quali sezioni vengono utilizzate e trarne ispirazione. Il bello di internet è che offre un'ampia vetrina di soluzioni che può servirci come spunto per sviluppare in modo personale le nostre idee e i nostri progetti.

Adesso siamo pronti per iniziare la nostra scalata nei risultati di ricerca di Google. A tal fine, dobbiamo tener conto del fatto che i tempi tecnici che servono per avere un posizionamento su un motore di ricerca constano almeno di tre mesi; in questo termine è necessario tenere questo sito vivo, inserendo, quanto più spesso possibile, novità sia sul "core business" dell'azienda, sia su quello che succede nel territorio. Essere presenti sul territorio è importantissimo, non dobbiamo dimenticarcene.

Google Places

Adesso torniamo a Google Profiles e inseriamo anche il nostro sito Internet. Non ci dimentichiamo di fare questa operazione anche in Google Places, altro servizio gratuito di Google, che possiamo trovare all'indirizzo web: http://www.google.com/placesforbusiness.

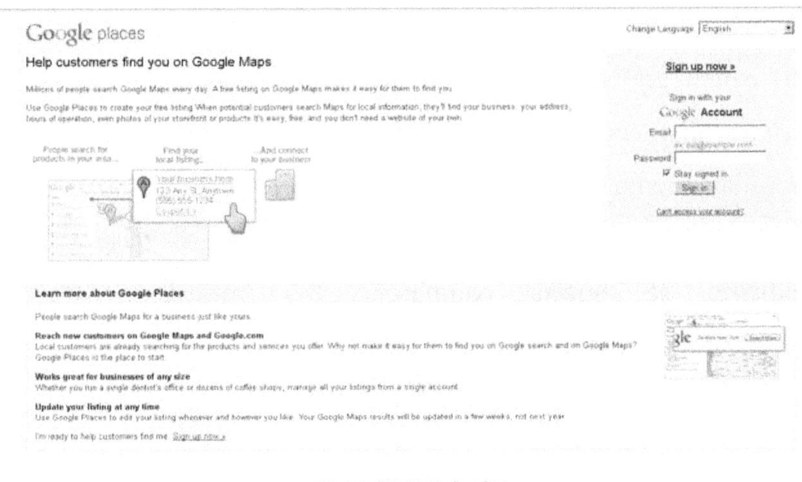

Devi sapere che per ottenere il massimo vantaggio da Google Places occorre avere un sito internet ben strutturato, perché, inserendo l'indirizzo del sito, quando un navigatore cliccherà sul tuo annuncio nell'elenco, verrà immediatamente reindirizzato sulle tue pagine web. Nel capitolo seguente vedremo come ottimizzare questo servizio di Google.

Adesso abbiamo il nostro piccolo sito, il nostro profilo e la nostra azienda è registrata in Google Places. Dobbiamo solo attendere che tutto questo venga mangiato e digerito da Google.

Facebook

Durante questa attesa ne approfitteremo per muoverci anche su altri canali già SEO ottimizzati per i motori di ricerca, ovvero portali di enormi dimensioni che vengono aggiornati quotidianamente con un quantitativo esorbitante di dati, i quali sono immagazzinati in breve periodo dai motori di ricerca stessi. Andiamo su questa pagina: http://www.facebook.com e registriamo un nostro profilo personale.

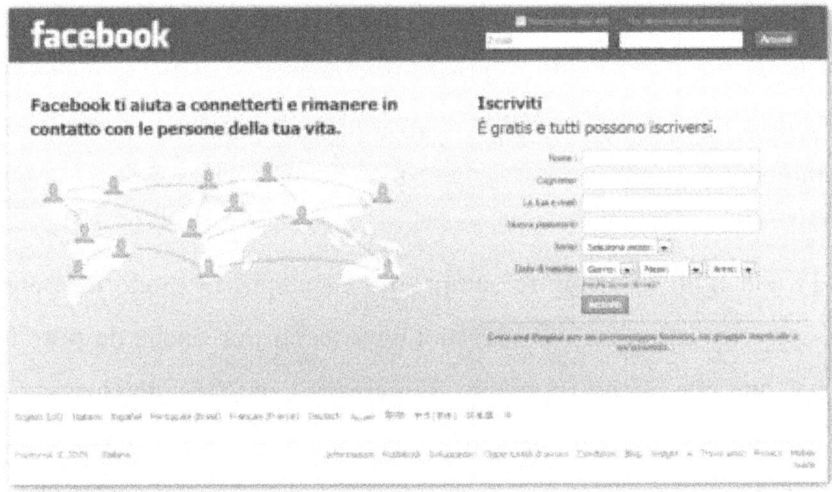

Creare un profilo Facebook è facile e, soprattutto, gratuito. Una volta connesso al sito sopra citato devo solo riempire i campi obbligatori, ovvero: nome, cognome, email, password, sesso e data di nascita. Dopo qualche minuto Facebook ci invia una mail che contiene un link per confermare la nostra iscrizione. Clicchiamoci e attiviamo l'account.

Una volta che abbiamo confermato la nostra richiesta di voler far parte del Social Network con più utenti al mondo, ci vengono richieste altre informazioni da condividere con gli altri utenti, ad esempio la scuola che abbiamo frequentato, il nostro lavoro, le lingue che conosciamo, il nostro orientamento politico e così via. Questi dati sono facoltativi e possiamo modificarli in qualsiasi momento.

Ti consiglio di riempire sempre tutti i campi in modo da poter essere trovato, non solo dai tuoi conoscenti, ma anche da tutte le persone che hanno i tuoi stessi interessi. Così facendo riuscirai a raggiungere nuove persone, che nella nostra strategia, si potrebbero trasformare in nuove opportunità di guadagno! In questa fase di "creazione" è importante inserire una nostra foto, oppure una caricatura, come immagine principale del nostro profilo; dobbiamo, però, dare un aspetto "sobrio" di noi stessi, altrimenti rischiamo di rovinarci la reputazione (ricordiamoci che questa regola vale anche per la creazione e gestione del Google Profile).

Abbiamo creato il nostro account e ora dobbiamo andare a stringere amicizie con persone che conosciamo e che, sicuramente, saranno già presenti nel Social Network di Mark Zuckerberg. Per fortuna Facebook ci viene incontro mettendo a nostra disposizione un tool gratuito che ci permette di utilizzare tutti i contatti mail che abbiamo, in modo da poter inviare, in maniera del tutto automatica e gratuita, un invito globale per stringere amicizia con noi. Oltre a questo possiamo iniziare ad andare a cercare manualmente persone che conosciamo oppure gruppi di nostro interesse; possiamo, anzi dobbiamo, chiedere l'amicizia a tutti i nostri dipendenti e collaboratori.

La diffusa credenza che Facebook sia solo un passatempo per ragazzi e "nullafacenti" ha fatto passare in secondo piano il fatto che molte aziende sono presenti sul Social Network e si avvalgono di figure preposte all'utilizzo e alla gestione di questo nuovo strumento per creare relazioni "one to one" tra l'azienda e il consumatore. Facebook è il modo più semplice, economico e veloce per "tastare il terreno", per capire quello che le persone sono disposte a comprare o meno.

Quindi creiamo anche noi la nostra pagina "pubblica" relativa alla nostra azienda o al nostro prodotto. Tale pagina, sul social network più usato al mondo, viene chiamata "Fan Page". Per crearla devi andare nel "*footer*" della schermata di Facebook e cliccare su “Crea una pagina”.

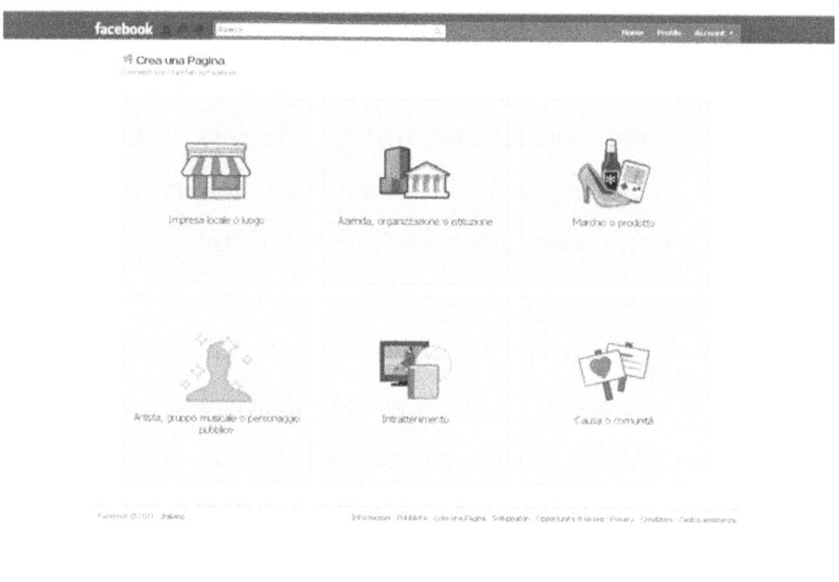

Per rendere questa pagina accattivante, Facebook mette a disposizione alcune applicazioni gratuite, tra le quali FBML Static, che ci permette di creare, in maniera semplice, una pagina di benvenuto per ogni tipologia di contatto che ci viene a trovare. Ad esempio possiamo creare una pagina di benvenuto per tutti coloro che non sono ancora nostri fans, invitandoli a cliccare “Mi Piace”; oppure possiamo creare una pagina di benvenuto per coloro che sono già nostri fans e magari informarli su una promozione in modo da diversificare il messaggio in base al target da raggiungere più efficacemente. In ogni caso teniamo presente che in internet, a ogni nostra azione, ne corrisponde un'altra dell'utente finale: bisogna essere chiari ed espliciti.

La creazione della pagina pubblica è identica a quella personale: inserisco i dati, metto la foto e scelgo la categoria di appartenenza. Una volta realizzata questa pagina ne sono l'amministratore e posso nominare altri amministratori. Ovviamente conviene che gli amministratori siano persone che sanno utilizzare Facebook e che abbiano molti amici, in questa maniera sarà più facile incrementare il numero dei nostri fan. Adesso dobbiamo rendere la nostra pagina "viva": iniziamo a condividere qualche notizia da internet, qualche video di YouTube e qualche notizia relativa alla nostra attività, ma anche alla nostra zona. Dobbiamo ricordarci di "condividere" tutto ciò che postiamo sulla nostra pagina fan, anche sul nostro profilo personale, ricordandosi di lasciare il nome della nostra pagina aziendale. Così facendo abbiamo la possibilità di informare più persone possibili, non soltanto della notizia che stiamo condividendo, ma anche della presenza della nostra azienda su questo social network. Occhio a non lasciarsi prendere troppo la mano con la condivisione di contenuti presi della rete: rischiamo di fare pubblicità ai nostri competitors o addirittura di pubblicare messaggi o immagini inopportune.

Adesso siamo in grado di creare contenuti e di condividerli con il resto del mondo, grazie a Facebook e Google Profiles; inoltre, se qualcuno digita la nostra attività, seguita dal nome della città dove si trova la nostra azienda, siamo nella prima pagina della SERP di Google grazie all'applicazione Google Places. Adesso siamo innegabilmente presenti su internet ma... manca ancora qualcosa.

YouTube

Negli ultimi tempi si dice che per vendere bisogna "emozionare", quindi ci dobbiamo chiedere: «Come possiamo emozionare potenziali clienti con scritte, notizie o video? Come possiamo fare?»

Ancora una volta ci viene incontro la rete: www.YouTube.com è la soluzione! Creo un account della mia azienda anche su questo canale. Mi basta inserire le stesse credenziali che uso per Google, in quanto YouTube è stato acquistato qualche anno fa dal motore di ricerca.

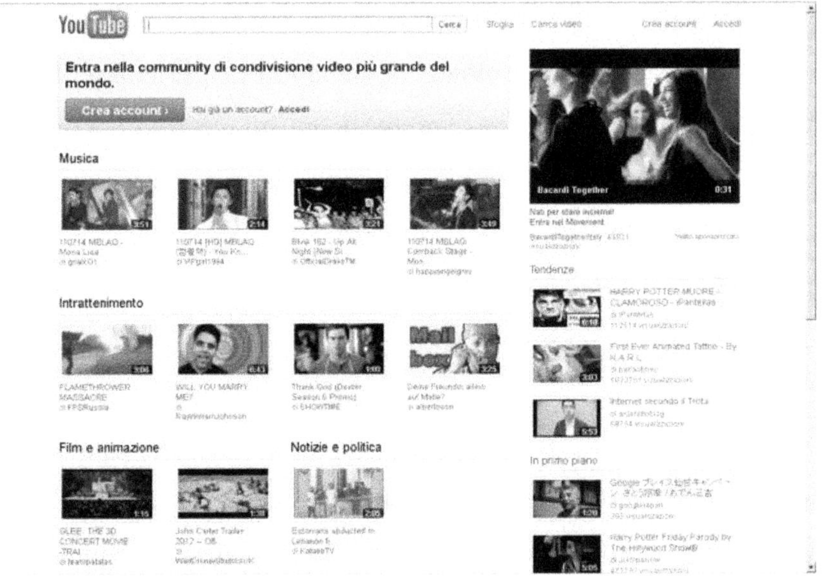

Non devo, per ora, creare dei videoclip, adesso mi devo solo limitare ad andare a cercare una serie di utenti, privati o aziende, che siano attinenti con i miei gusti personali, oppure con ciò che fa la mia azienda; non importa che siano inerenti al prodotto, va bene anche se promuovono un messaggio sociale simile. Una volta individuati gli utenti di YouTube che mi piacciono, mi iscrivo al loro canale: ogni volta che metteranno un video mi arriverà un'email di avvertimento con il relativo link e, se l'utente l'ha scritta, anche la descrizione del contenuto. In questo modo posso andarlo a vedere tempestivamente e poi, eventualmente, condividerlo con i miei utenti. Armandomi di pazienza e buona volontà, posso mettere tra i preferiti del mio account YouTube anche una serie di video già condivisi da altri, commentarli e votarli. Così facendo, creo "rapport" con altri utenti e posso riuscire anche a incrementare i miei fan su Facebook, o comunque generare traffico sul mio sito.

Abbiamo detto che per vendere dobbiamo emozionare. Ma emozionare attraverso contenuti presi da internet è molto difficile. Emozionare con qualcosa creato da altri, per quanto convincente, è quasi impossibile. A questo punto è indispensabile un contributo personale.

In altre parole, una volta che abbiamo preso confidenza con YouTube, è opportuno che cominciamo a pensare di caricare un video relativo alla nostra azienda, ai nostri prodotti e alla nostra *mission*. Ovviamente non deve essere un video da Oscar, basta sia "serio" e ben girato. Buttate giù un piccolo script su quello che vorreste far trasparire della vostra azienda, scegliete l'aspetto più emozionante e riprendetelo (va bene anche un telefonino o una macchina fotografica digitale) e mettetelo su internet così com'è: condividetelo sul vostro sito internet, su Facebook e su Google Profiles, vi accorgerete che ci saranno molti commenti e discussioni.

SEGRETO n. 5: registrati sui social network gratuiti di maggiore interesse: Google Profiles, Google Places, Facebook e YouTube. Registrati su un CMS "free" e realizza il tuo sito.

Alle persone piace vedere riprodotte in video situazioni con cui sono a contatto quotidianamente. Da un senso di orgoglio: «Quella è la concessionaria dove ho comprato l'auto», «Questa è la scuola dove vado a fare il corso due volte a settimana» oppure, come ho sentito ultimamente, «Questa è la palestra dove mi alleno: quella è la stanza dove fanno aerobica e quella è la stanza dove fanno arti marziali». Questa persona era molto "emozionata" e mi ha fatto venire voglia di andare a prendere informazioni in quella palestra! Tutto questo grazie a un video, girato con uno smarthphone, di 30 secondi: una carrellata di stanze vuote, o semideserte, che a me non dicevano niente, ma che al mio amico hanno scatenato una serie di ricordi ed emozioni che mi ha trasmesso. Costo del video: zero, mio abbonamento annuale 420 euro!

Eh già, mi sono iscritto a quella palestra! Pensiamoci bene: un video di 30 secondi scarsi, e neanche girato benissimo, ha portato 420 euro nelle casse della palestra! Facciamo due conti: mettiamo che questa palestra abbia 300 o 400 iscritti, se anche solo la metà di questi guardano il video e portano un amico, la palestra con 30 secondi di video ha 200 persone che entrano a prendere informazioni sui costi e i corsi. Se di queste anche solo un 5% fa l'abbonamento annuale, come ho fatto io, la palestra avrà un'entrata di 420 € per 10 persone = 4200 €. Non guardiamo l'entità dell'entrata, per ora non è quella che conta, ma guardiamo la spesa sostenuta per avere quell'entrata: abbiamo speso zero e abbiamo avuto un ritorno di 4200 €! E questo è solo l'inizio, perché se la palestra realizza altre azioni pubblicitarie, magari più mirate, può darsi che riesca anche a ottenere qualcosa in più.

RIEPILOGO DEL CAPITOLO 1:

- SEGRETO n. 1: Stabilisci un obiettivo raggiungibile da ottenere con la tua campagna di Web Marketing nel medio lungo periodo.
- SEGRETO n. 2: Tieni una statistica dettagliata di tutte le tue azioni pubblicitarie e ricorda che quello che fai oggi può portarti risultati anche "domani". Dopo verifica quali azioni eliminare e quali modificare o aggiungere.
- SEGRETO n. 3: Più persone riuscirai a raggiungere, più sarà facile incrementare il numero dei tuoi potenziali clienti. Internet può aiutarti.
- SEGRETO n. 4: Internet deve servirti anche a creare brand: un marchio pubblicizzato e presente avrà la possibilità di essere difeso anche dagli stessi clienti!
- SEGRETO n. 5: Registrati sui social network gratuiti di maggiore interesse: Google Profiles, Google Places, Facebook e YouTube. Registrati su un CMS "free" e realizza il tuo sito.

CAPITOLO 2:
Come ottimizzare la presenza su Internet

Adesso siamo su internet, siamo visibili in tutto il mondo e abbiamo la possibilità di incrementare il nostro giro di clienti, investendo solo qualche ora di lavoro, mettendo contenuti interessanti e semplici e organizzando qualche evento in collaborazione con i nostri partner. L'unico problema è che gli internauti vogliono contenuti di loro interesse, siti di semplice utilizzazione, "call to action" inerenti alle loro esigenze...

Però vogliono anche una grafica semplice ma accattivante, vogliono qualcosa che, al primo impatto, ricorda la nostra azienda, il nostro Brand, senza dover pensare troppo o fare ulteriori ricerche. Adesso non ti dico di assumere un grafico *ad hoc* per questo progetto; se lo facessi, la nostra strategia a costo zero, o quasi, finirebbe qui.

Al contrario, visto che sicuramente hai fatto nel corso degli anni campagne pubblicitarie offline, basta fare una ricerca sul tuo pc, oppure contattare la tua agenzia di fiducia, e trovare tutto ciò che hai usato in passato. Questo ti aiuta per due motivi: in primo luogo perché hai già a portata di mano qualcosa che ti piace, altrimenti non lo avresti utilizzato in passato; in secondo luogo perché i tuoi clienti, acquisiti e potenziali, hanno già avuto a che fare con quelle immagini, per cui, alla visione di esse, in loro si genererà un ricordo, e, quindi, una sensazione di familiarità.

Adesso che abbiamo le immagini, ovviamente nel rispetto di tutte le norme del caso, vediamo come rendere più "belli" e interessanti i nostri profili internet, in modo da presentarli diversi e più accattivanti rispetto alla concorrenza.

Google Profiles

Partiamo da questo social network, poco utilizzato, ma molto importante per la nostra strategia e per il futuro dell'ecommerce.

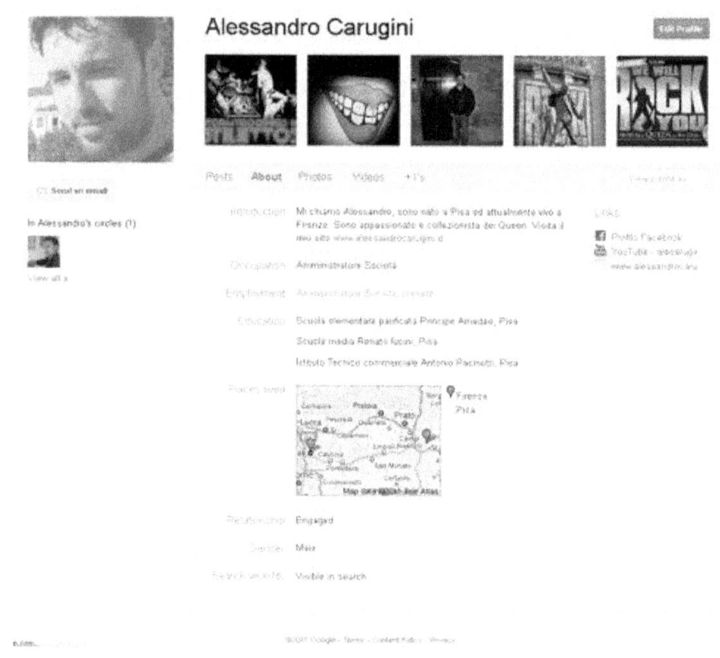

Mettiamo una foto che ci rappresenti e, in forma dettagliata, tutte le informazioni che possano aiutare i nostri utenti a conoscerci meglio, a farci delle domande, a conoscere i nostri prodotti/servizi o semplicemente a venirci a trovare. Possiamo inserire su questo profilo un numero limitato di foto, per cui scegliamo quelle più significative. Se abbiamo una bella rassegna stampa, con tanto di foto, possiamo attivare gratuitamente il servizio di archivio fotografico, sempre del colosso della Mountain View, chiamato

Picasa che è già collegato al nostro account e al nostro profilo.

SEGRETO n. 6: ottimizza Google Profile inserendo le foto e i dati che ti rappresentano di più. Così facendo, avrai molte possibilità di essere trovato prima dei tuoi competitors.

L'unico consiglio importante è quello di mettere una bella descrizione a tutte le foto, in questo modo ottimizziamo anche la nostra presenza nella rete di ricerca. Ad esempio, se qualcuno cerca un'immagine, digita alcune parole chiave. Ebbene se quelle parole compaiono nella descrizione delle immagini da me inserite, abbiamo ampie possibilità di essere trovati da quell'utente. Per cui dobbiamo scrivere il più possibile.

Google places

Adesso passiamo a ottimizzare la nostra scheda aziendale su Google Places. Partiamo sempre dal presupposto che scrivere è indispensabile: un ottimo modo per migliorare velocemente la posizione della nostra azienda su Google è quello di compilare *ad hoc* tutte le voci che l'applicazione richiede. Inseriamo una bella foto e una descrizione accattivante e precisa del nostro "core business”. Avere una scheda ben compilata è l’inizio per ottenere una pubblicità online eccezionale sul motore di ricerca più utilizzato dagli internauti italiani. Dobbiamo pensare che gli iscritti al programma Google Places hanno la precedenza sulle altre attività, per quanto concerne la prima pagina della Serp e, di conseguenza, della ricerca fatta dall’utente.

Adesso che abbiamo compilato la scheda in maniera corretta e dettagliata, dobbiamo inserire nel nostro sito internet la nostra ubicazione tramite Google Maps; in questo modo avremo ulteriori punti a nostro favore che faranno migliorare in maniera naturale la nostra posizione sui motori di ricerca. Un’ultima cosa da fare è quella di inserire in ogni pagina del nostro sito, magari nel “footer”, il nostro indirizzo, ovviamente lo stesso che abbiamo registrato con Google Places, così la sinergia tra il sito internet e il programma di Google è completa.

SEGRETO n. 7: ottimizza Google Places compilando la scheda azienda che ti viene prospettata. Inserisci una bella foto e una descrizione del tuo “core business”. Infine indica sul tuo sito internet la tua ubicazione esatta con Google Maps.

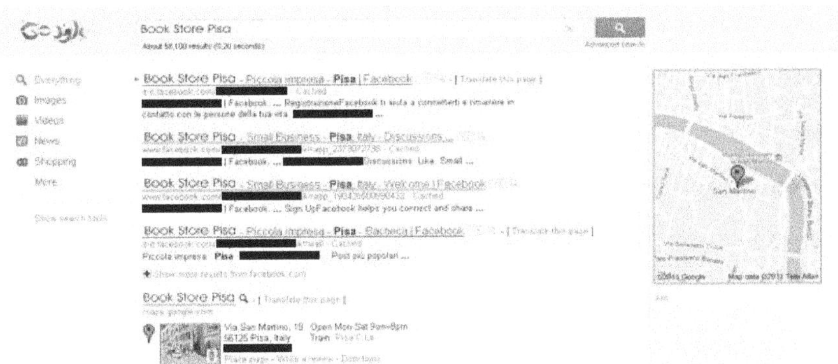

Abbiamo fatto tutto quello che potevamo fare, a questo punto mancano le recensioni positive sulla scheda. Ma a quelle ci devono pensare i nostri clienti!

YouTube

Croce e delizia di tutti coloro che fanno marketing sul web è YouTube. Questo portale è nato nel febbraio del 2005 e in pochissimo tempo ha avuto moltissimi utenti registrati, al punto tale di invogliare Google a comprarlo nell'ottobre del 2006!

Questa acquisizione ha cambiato il modo di fare web marketing e ha introdotto, in maniera massiccia, il video marketing per due motivi: il primo, e per il momento meno interessante per quanto riguarda questo ebook, consiste nella possibilità di mettere dei video nelle campagne AdWords; il secondo è dato dal fatto che, dopo l'acquisizione, i video di YouTube sono spesso ai primissimi posti nelle SERP di Google. Chiudiamo questa parentesi e vediamo come può essere utile questo portale video per la nostra strategia di Web Marketing.

Partiamo dal fatto che oggi la pubblicità che vediamo in TV è quella che si ricorda più facilmente per un semplice motivo: il poco utilizzo del cervello da parte di chi la guarda. Più precisamente, intendo dire che l'essere umano, per sua natura, è molto pigro e le reclame che ci sono oggi lasciano poco spazio all'immaginazione. In circa 30 secondi una serie di immagini, suoni, parole e colori ci dicono tutto di quell'oggetto, compreso il prezzo!

Quante volte ci è capitato che al supermercato, guardando un prodotto, ci è venuta in mente un'immagine o un motivo musicale? Talmente tante che non ce ne rendiamo neanche conto. Assorbiamo informazioni senza fatica e spesso il condizionamento non è nemmeno del tutto consapevole. È questo uno dei fattori che ci spinge a comprare il prodotto di una certa marca.

Ma come possiamo noi, media impresa, che investiamo un budget limitatissimo in pubblicità, competere contro questi colossi? Semplicissimo: utilizziamo YouTube.

Esatto, attraverso un corretto utilizzo di questo portale saremo in grado anche noi di realizzare spot efficaci, mirati al target che vogliamo e a basso costo (se non addirittura a costo zero). Potremo entrare nelle "case" della gente passando attraverso il viral marketing e tutti i nostri social network! Infatti, YouTube si interfaccia alla perfezione con essi, compresi blog e siti internet.

Quindi, armandosi di una telecamera, e perché no, anche soltanto di un telefonino di ultima generazione, potremo realizzare il nostro spot pubblicitario: un breve video promozionale per mettere in evidenza i pregi del nostro prodotto o dei nostri servizi e far vedere "l'umanità" che c'è dietro il nostro lavoro. Proprio così: più il video è reale e vicino all'utente finale, più abbiamo possibilità di essere apprezzati, provati e comprati! Ecco subito un esempio in negativo: ogni volta che arriva l'estate vediamo in TV spot con protagonisti, uomini o donne, con fisici perfetti. Spesso non prestiamo attenzione al prodotto, ma alla rabbia di non avere quel fisico e di non poterlo avere neanche utilizzando quel prodotto! Non so se mi sono spiegato, però sicuramente non hai mai provato quell'articolo!

Ma adesso lasciamo da parte i rimpianti estivi e torniamo alla nostra strategia... Creiamo, dunque, un account su YouTube, possibilmente usiamo come nome utente il nome della nostra azienda, del nostro prodotto di punta o del marchio che stiamo utilizzando (nel caso in cui siamo un franchisee) seguito dal nome della città in cui siamo ubicati. Così facendo, se qualcuno cerca il nostro prodotto o qualcosa legato al marchio nella nostra provincia, o città, siamo sicuri di essere nelle prime pagine di Google.

SEGRETO n. 8: crea un canale YouTube relativo alla tua azienda e ai tuoi prodotti e realizza un mini spot della durata di massimo 3 minuti, corredato da descrizioni dettagliate e parole chiave mirate e precise.

Adesso dobbiamo registrarci in tutti gli altri canali, possibilmente quelli ufficiali, di aziende e marchi legati al nostro business, in questo modo se qualcuno cerca uno di questi sul motore di ricerca della Mountain View, magari compare anche qualcosa che ci riguarda.

Fatta anche questa operazione non ci resta che trasformarci in registi e creare il nostro spot. Prestiamo attenzione a fare in modo che non sia troppo lungo: secondo un recente studio, l'attenzione di un navigatore medio su internet, per quanto riguarda i filmati di YouTube, non supera i tre minuti.

Una volta creato il filmato, carichiamolo nel nostro account e aggiungiamo una descrizione dettagliata e alcune parole chiave mirate e precise, in modo da permettere a Google di mostrare il nostro video sulla SERP. Adesso siamo pronti a "inserirlo" sui Social Network, come Facebook. Inoltre dobbiamo motivare gli altri a condividerlo a loro volta; a tal fine una semplice frase simpatica sarà più che sufficiente.

Abbiamo così iniziato il nostro Viral Marketing a costo zero!

Facebook

Come ti ho detto più volte in questo ebook, Facebook è il re dei social network. È il più semplice da usare e, allo stesso tempo, ti permette di utilizzare una serie di applicazioni gratuite, tutte volte ad aumentare il numero dei visitatori della tua pagina.

Per prima cosa ti consiglio di chiamare la pagina con il nome della tua azienda, a meno che tu non sia un *franchisee*: in questo caso, è meglio mettere il nome del marchio che utilizzi, seguito dalla città in cui eserciti. Così facendo, ottimizzerai anche le ricerche su Google. Come già detto, Facebook viene indicizzato più velocemente di qualsiasi altro sito esistente al momento, quindi approfittane!

Dedica qualche minuto in più all'uso di questo Social Network, soprattutto all'inizio della tua avventura online; dopo sarà tutto in discesa e procederai quasi automaticamente. Se vuoi, puoi mettere una Keyword nel nome della pagina, ad esempio se gestisci una libreria a Pisa, direi di chiamare la pagina **LIBRERIA NOME PISA.** Dimenticavo, l'indirizzo Facebook scelto non potrà più essere cambiato, quindi pensa bene a quello che scegli!

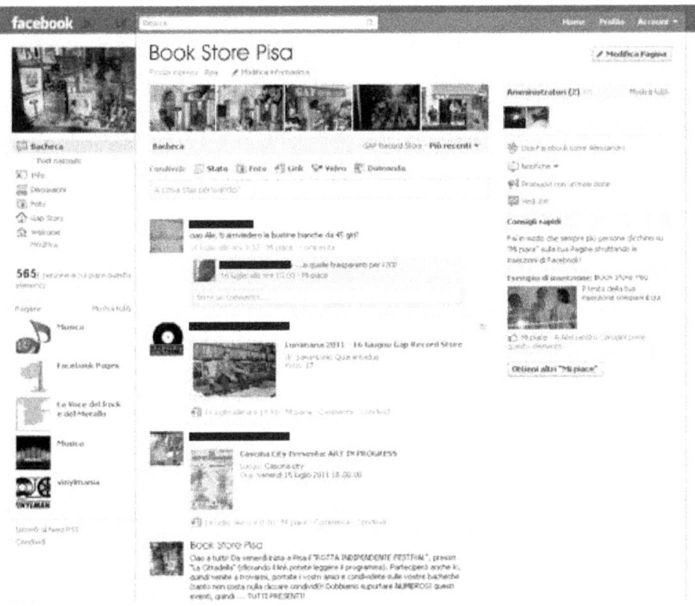

Una volta creata la pagina, clicca su “Modifica Informazioni”. Ti comparirà la seguente schermata.

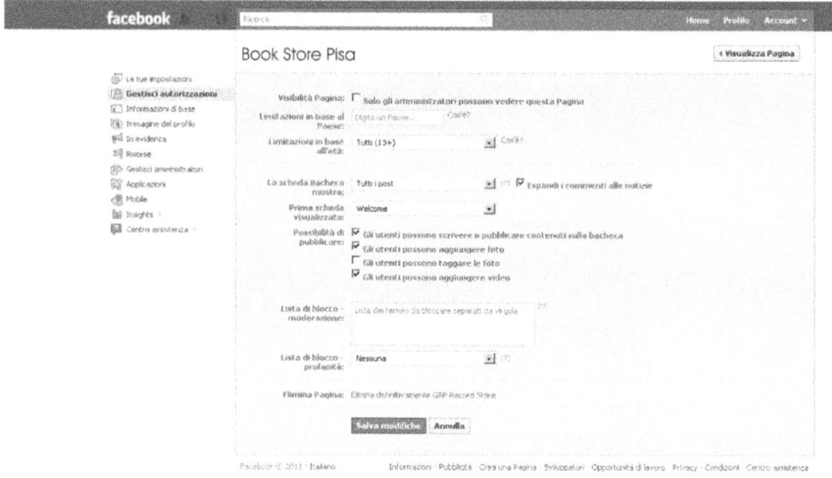

Analizziamo insieme il menù a sinistra, in ordine di importanza, e iniziamo a compilare i vari campi:

- "**Risorse**": ecco subito un'utile sezione che ti consiglio di tenere costantemente sott'occhio. Ti dà una serie di consigli per poter raggiungere più persone che potrebbero essere interessate alla tua attività; ti vengono suggeriti sia metodi a pagamento che gratuiti, per portare iscritti alla tua pagina. Prima di andare avanti nella lettura di questo ebook leggi anche i consigli che lo stesso Facebook mette a tua disposizione.
- "**Le tue impostazioni**": qui puoi scegliere come accedere a

Facebook, se come privato o come azienda, e se ricevere le notifiche via mail o meno. All'inizio ti consiglio di accettare tutto, così, se per "mancanza di abitudine" non ti sei connesso a Facebook, riceverai comunque una mail di notifica che ti dirà se qualche tuo visitatore ha scritto qualcosa sulla tua bacheca o ti ha mandato un messaggio. In questa maniera potrai rispondere subito, anche solo con un saluto, e renderai "importante" quella persona.

- "**Gestisci autorizzazioni**": questo menù ci permette di gestire la pagina. Infatti, da qui possiamo decidere se renderla pubblica o meno, limitarla a una determinata provincia o nazione, mettere dei paletti relativi alla moderazione dei contenuti pubblicati oppure bloccare alcuni utenti. Se vogliamo ottenere dei risultati, conviene rendere la pagina, e tutto il suo contenuto, aperta e visibile a tutti, senza limitazioni e, per iniziare, senza mettere alcun blocco. Non conviene mai, su Internet, prevenire. Ciò non significa, tuttavia, che tu ti possa esimere completamente dal controllo sulla regolarità di ciò che viene pubblicato sulla tua pagina.
- "**Informazioni di base**": qui ci sono tutte le informazioni che identificano la tua azienda. Puoi inserirvi la *mission* aziendale, i

prodotti che vendi, i premi che hai vinto e tutto ciò che fa parte del tuo curriculum e che ritieni opportuno pubblicare. Puoi aggiungere anche ulteriori descrizioni della tua azienda, o dei tuoi prodotti, l'indirizzo, il sito internet e la email. Quanto al telefono, direi di lasciarlo in bianco. Puoi, inoltre, impostare la visualizzazione di una cartina creata automaticamente con l'indirizzo che hai scritto. In sostanza, qui puoi scrivere tutto ciò che vuoi, però ricorda che deve trattarsi di informazioni di base che abbiano a che fare con il tuo lavoro, quindi cerca di essere più preciso ed esaustivo possibile.

Una volta compilati tutti questi campi, posizioniamoci su quello che è più significativo per l'indicizzazione di Google:

- "**Informazioni**". Questo campo è importante perché sarà visibile sempre nel nostro profilo ed è l'unico spazio in cui ci è permesso scrivere liberamente! Quindi, approfittiamone per scrivere una nostra descrizione che sia ricca di parole chiave. È chiaro che in qualsiasi momento potremo modificare tutte queste informazioni.

Adesso che le persone sanno dove siamo e cosa facciamo, è

giusto che possano anche associare un "logo" alla nostra attività. Quindi, passiamo alla voce successiva:

- "**Immagine del profilo**": in questa schermata dobbiamo scegliere un'immagine che identificherà la nostra azienda su Facebook. Ti consiglio di scegliere qualcosa di carino e personale, in linea con i tuoi prodotti: evita immagini di personaggi, loghi strani o troppo elaborati. La serietà di un'azienda, e anche di una persona, viene valutata, per prima cosa, dalla sua immagine. Tienilo a mente! Anche questa immagine potrai cambiarla ogni qualvolta che vorrai. Sarebbe funzionale cambiarla a ogni cambio di promozione o attività marketing, in modo da mantenere sempre la stessa linea e la stessa grafica per ogni azione che intraprendi sia online che offline: sarai più riconoscibile e sarà più facile "entrare" nelle case della gente.
- "**Gestisci amministratori**": qui puoi dare incarichi di amministrazione alla persone di cui ti fidi maggiormente: ovviamente puoi incaricare un numero infinito di amministratori, che ti potranno aiutare a diffondere la tua pagina e, allo stesso tempo, potrai imporre limiti alle persone che hai incaricato. Ti consiglio di non avere troppi

amministratori: c'è il rischio che diventino ingestibili. Pertanto tu e un'altra persona sarete più che sufficienti. L'importante è coordinarsi e seguire un'unica linea, seppur ognuno con la sua indipendenza!

- "**Insights**": questa è la parte più importante che Facebook ci mette a disposizione. Qui possiamo vedere una serie di statistiche inerenti all'andamento della nostra pagina. Possiamo tenere sott'occhio quante volte è stato visionato un nostro video, quanti commenti sono stati fatti, quante volte qualcuno ha cliccato "mi piace" relativamente a qualche nostro post. Da qui possiamo controllare l'andamento dei fan, quante persone si iscrivono giornalmente e quante si cancellano. Inoltre possiamo vedere quante volte viene visualizzato ogni singolo post pubblicato sulla nostra bacheca, nonché una percentuale di commenti. In questo modo saremo in grado di comprendere rapidamente ciò che piace ai nostri fan e, di conseguenza, sapremo sempre come rendere interattiva la nostra pagina. Capita molto spesso su Facebook che le aziende si ritrovino a compiere sterili monologhi, pubblicando cambi di stato o video che non suscitano l'interesse di chi guarda. Questo atteggiamento, alla lunga, porterà le persone a cancellarsi da quella pagina, in quanto Facebook permette a ogni utente di avere un numero limitato di pagine a cui potersi iscrivere. In altre parole, è evidente che, dovendo fare una scelta, l'utente eliminerà quelle pagine che non ritiene sufficientemente stimolanti. Un errore apparentemente banale può produrre effetti altamente negativi. Cerchiamo di evitarlo con un pizzico di attenzione e costanza in più!

Manteniamo costantemente interessante e attiva la nostra pagina condividendo filmati, immagini e commenti che contengano richiami alla nostra attività o che in qualche modo ci rappresentino.

Infine mi preme dare un ultimo consiglio: cerchiamo di rimanere politicamente neutri. Le nostre idee politiche teniamocele per noi, non mettiamole sulla pagina ufficiale della nostra azienda. Altrimenti rischiamo soltanto di creare "commenti" che non rientrano nel nostro piano aziendale o, addirittura, di perdere clienti, effettivi o potenziali, a causa di un'idea politica non condivisa.

SEGRETO n. 9: rendi la tua pagina Facebook interessante e crea "rapport" con i tuoi fan condividendo foto, video e commenti. Non svelare le tue preferenze politiche per non alimentare "commenti" inopportuni.

Sito Internet

Adesso che abbiamo ottimizzato tutti i vari Social Network, dobbiamo integrarli con il nostro sito web. Tutti e tre i CMS consigliati ci danno la possibilità di creare uno "short cut", ovvero un link che permette di condividere direttamente sui Social Network l'articolo corrente.

In questo modo chi visita il nostro sito, se trova qualcosa di interessante, potrà condividerlo in tempo reale con i suoi "amici" virtuali. Così facendo, altre persone saranno invogliate a visitare il nostro sito internet e potranno vedere le schede dei prodotti o mandarci eventuali richieste di informazioni.

Questi "curiosi" potremo, poi, invitarli a iscriversi sulle nostre pagine "sociali" per "*rimanere sempre aggiornati sulle ultime novità relative a quel determinato prodotto*".

SEGRETO n. 10: ottimizza il sito internet inserendo i richiami ai Social Network a cui sei registrato e viceversa.

RIEPILOGO DEL CAPITOLO 2:

- SEGRETO n. 6: Ottimizza Google Profile inserendo le foto ed i dati che ti rappresentano di più. Così facendo avrai molte possibilità di essere trovato prima dei tuoi competitors per le ricerche effettuate sul motore di ricerca Google.
- SEGRETO n. 7: Ottimizza Google Places compilando la scheda azienda che ti viene prospettata. Inserisci una bella foto ed una descrizione del tuo "core business". Infine indica sul tuo sito internet la tua ubicazione esatta con Google Maps.
- SEGRETO n. 8: Crea un canale YouTube relativo alla tua azienda ed ai tuoi prodotti e realizza un mini spot, della durata di massimo 3 minuti, corredato da descrizioni dettagliate e parole chiave mirate e precise.
- SEGRETO n. 9: Rendi la tua pagina Facebook interessante e crea "rapport" con i tuoi fans condividendo foto, video e commenti. Non svelare le tue preferenze politiche per non alimentare "commenti" inopportuni.
- SEGRETO n. 10: Ottimizza il sito internet inserendo i richiami ai Social Network a cui sei registrato e viceversa.

CAPITOLO 3:
La presenza nel territorio

La nostra strategia di marketing non può prevedere soltanto l'utilizzo di internet e il contatto con i possibili nuovi clienti derivanti da tale attività. La nostra strategia deve prevedere anche un utilizzo e, di conseguenza, una presenza stabile nel territorio che ci circonda. A tal fine dobbiamo conoscere quello che pensano e quello che vogliono i nostri "compaesani", essere vicini alle loro esigenze e ai loro problemi. Dobbiamo, in primo luogo, vivere la città e, in secondo luogo, aiutare la città a vivere. Procediamo per ordine…

SEGRETO n. 11: devi conoscere anche il territorio in cui operi e far sentire importanti i tuoi clienti: devono vederti come un amico fidato con il quale fare un investimento.

La cura del cliente

Durante la nostra "vita aziendale", e professionale, siamo venuti

in contatto con tantissime persone: alcune sono diventate amici, altre conoscenti, altre clienti e altre, infine, sono solo state esperienze, positive o negative. Dobbiamo comunque riuscire a trarne il massimo vantaggio. Non è utilitarismo, soltanto affari!
Partiamo dai clienti: un bene inestimabile per ogni azienda! Il cliente soddisfatto è una fonte di guadagno presente e futura, anche se, purtroppo, nel corso degli anni i suoi investimenti presso di noi andranno sempre più scemando fino ad arrivare a zero. Per questo motivo dobbiamo cercare di ritardare quanto più possibile questo momento.

Purtroppo il business di oggi è molto rapido, stile "mordi e fuggi": prendiamo tutto ciò che possiamo nel breve periodo, ma non pensiamo mai che la vita non finisce domani: la vita continua e anche le nostre entrate devono essere continuative nel tempo.

Quindi è necessario far sentire importante il nostro cliente. A tal fine non c'è bisogno di pensare a chissà quale tecnica, basta solo chiamarlo per nome, badare alla sua soddisfazione, spendere del tempo con lui ogni volta che lo vediamo. Se non riusciamo a incontrarlo, dobbiamo essere noi a farci vivi e a informarci;

dobbiamo ascoltarlo e parlare con lui! E quando lo chiamiamo, oppure quando lo sentiamo via mail, non dobbiamo per forza vendergli qualcosa, altrimenti si sentirà aggredito e, inevitabilmente, parlerà male di noi, anche se si era trovato bene. Non lo dico così per dire, mi è capitato di assistere a una scena simile in un'azienda per la quale ho lavorato.

Un cliente che si fida di me e della mia azienda è un ottimo biglietto da visita, che posso "utilizzare" (senza offesa per l'amico in questione) per fare business e branding per la mia attività, senza spendere niente! Posso chiedergli qualche riferito, cioè persone che secondo lui potrebbero avere necessità del mio prodotto.

Ricorda: nel caso in cui mi fornisca alcuni nominativi, dovrò sempre ricordarmi di fare il suo nome quando mi troverò di fronte alle persone che mi ha indicato e concedere uno sconto, in virtù della comune amicizia, a chi intenda acquistare i miei prodotti.
Non appena avrai venduto "qualcosa" a un riferito, ricordati sempre di ringraziare con una bevuta, oppure con uno sconto sul prossimo acquisto, il cliente che ti ha dato il nominativo.

Rendere più umano un rapporto di compravendita contribuisce a creare un senso di gratificazione nel cliente stesso e favorisce l'instaurazione di un rapporto più duraturo. Un cliente gratificato ne porta altri! Se all'inizio non me la sento di chiedere al mio cliente dei nominativi, posso chiedergli di portare, semplicemente, dei volantini pubblicitari dove lavora.

Ma la cosa più importante è che, grazie a lui e alle notizie che da lui posso apprendere, posso migliorare la mia presenza sul territorio, cosa che per la mia strategia è fondamentale!

SEGRETO n. 12: chiedi ai tuoi clienti nominativi di potenziali interessati o semplici curiosi, che vogliono avere maggiori delucidazioni sui tuoi prodotti. Ringrazia sempre, con una bevuta o uno sconto sul prossimo acquisto, chi ti ha dato il nominativo.

Così facendo, posso fare una statistica di tutti i posti che frequentano i miei clienti e avere una visione del tipo di clientela che ho per muovermi di conseguenza sul territorio in cui vivo e lavoro! Faccio un esempio banale per capire meglio.

Se 10 dei miei clienti frequentano un determinato ambiente, sarà molto probabile che qualche altro frequentatore di quell'ambiente possa essere interessato al mio prodotto, quindi, armato di pazienza e buona volontà, posso andare in quel locale, vedere com'è e chi lo frequenta. In base a questi dati, posso valutare il genere di persone in questione e creare un prodotto *ad hoc*.

Con una bella brochure della mia azienda, una presentazione "convincente" del mio prodotto e con la sua unicità, posso andare dal titolare del locale, fargli presente che molti dei suo avventori sono miei clienti e allacciare un rapporto di co-marketing che potrebbe portare, sia a me che a lui, un vantaggio sia dal punto di vista della clientela che della visibilità.

Se sono bravo, e riesco a vendere bene l'aspetto web, cioè chiedendo al titolare dell'attività di fare uno scambio di link, banner, posso arrivare, per suo tramite, a tutti i frequentatori del locale. In più, sponsorizzando questa collaborazione, sia con i miei clienti che con il mondo di internet, posso far vedere a tutti che non sono statico, ma che mi muovo e sono presente nel territorio. Inoltre, moltissime persone sapranno di questa partnership e io potrò andare in altre location simili a instaurare nuovi rapporti che, nel medio-lungo periodo, mi porteranno nuovo fatturato.

SEGRETO n. 13: allaccia collaborazioni di co-marketing con altre realtà della zona con cui condividi un certo tipo di clientela.

Queste collaborazioni, che devo cercare di creare al costo più basso possibile, potranno essere sponsorizzate dai miei amici, che con il famoso passaparola, mi potranno trovare nuove location, oppure portare nuove persone nei locali con me convenzionati! Mi si può aprire un mondo nuovo e inesplorato, che se sfruttato bene mi porterà tante soddisfazioni!

Adesso che ho le location, devo essere bravo a creare la strategia adatta a ottimizzarle per i miei scopi! Il primo passo da fare è quello di portare clienti in questi locali: mi basta organizzare un evento! Non devo far venire la celebrità o la super star che mi costa un occhio della testa... se potessimo permettercelo non avrebbe avuto senso scrivere, per me, e comprare, per voi, questo libro.

Eventi a costo zero

Per organizzare un evento a costo zero e avere "solo" guadagno, mi basta vivere la città in modo da conoscere quello che le persone desiderano. Poniamo che io abbia stretto una convenzione con un pub o un bar: posso semplicemente organizzare, insieme al titolare del locale, una serata con DJ che potrò certamente reperire con facilità.

Oppure potrò organizzare un aperitivo con della buona musica, magari qualcosa di ricercato, che attiri una clientela diversa e più di elite o anche solo il curioso che sta passando! Ovviamente il locale sarà allestito con qualche locandina, basta anche qualcosa di artigianale che riprenda la grafica del nostro sito. Le uniche scritte presenti dovranno essere quelle del nostro indirizzo web e il nostro indirizzo Facebook. Vicino al bancone ci saranno degli A5, cioè delle cartoline pubblicitarie, con una facciata uguale alla locandina e, sull'altra, le indicazioni per raggiungerci e contattarci in maniera tradizionale: indirizzo, telefono, fax ed email.

Mentre tutti mangiano e bevono a un buffet predisposto a un costo accessibile a chiunque, una nostra promoter, meglio se una nostra amica, l'ottimale sarebbe una nostra cliente, passa tra le persone presenti distribuendo gadget e volantini della nostra azienda spiegando cosa facciamo. Magari, mentre fa tutto questo, può dire anche che la serata è offerta da noi! Anche il DJ ogni tanto dirà la stessa cosa!

SEGRETO n. 14: organizza tu stesso degli eventi di intrattenimento. Puoi, ad esempio, trovare l'accordo con un bar e organizzare un piacevole aperitivo.

Noi invece saremo lì, a goderci la serata e fare qualche foto, che poi metteremo su Facebook, sia sulla nostra pagina che su quella del locale, e aspetteremo di avere nuovi fan e di leggere i commenti della gente! Organizzando un paio di questi eventi al mese in diverse location, aumenteremo di gran lunga la nostra visibilità. Volendo, potremmo spingerci oltre, chiedendo alla nostra promoter di raccogliere i nominativi di coloro che sono interessati al nostro prodotto, ma questa è un'altra storia…ne parleremo in seguito. Qualcuno di voi potrebbe obbiettare che, in realtà, l'unico che ci guadagna è il titolare del locale. Non è così. Noi abbiamo dato una bella immagine della nostra azienda e la gente, sapendo che ci siamo, inizierà a cercarci.

Il problema che accomuna tantissime realtà, soprattutto nelle piccole città, dove tutto è dato per scontato, è che si tende a pensare di avere il miglior prodotto della piazza, senza rendersi conto che magari molti non ci conoscono, nonostante esistiamo da anni. Se non diamo ai clienti la possibilità di conoscerci, loro continueranno a preferirci, anche solo per abitudine, i nostri *competitors* che, così, non necessariamente con prodotti migliori dei nostri, riusciranno a sopravvivere portandoci via fette di clienti che via via si fanno sempre più importanti.

Tornando al nostro evento, consiglio di fare molta pubblicità sul Web, presso la nostra azienda e nel locale interessato. Potrebbe essere utile, se ne abbiamo la possibilità, mettere un piccolo articolo sul giornale locale qualche giorno prima dell'evento, il giorno stesso e qualche giorno dopo.

Sconsiglio vivamente di mettere qualcosa il giorno

immediatamente successivo all'evento per un semplice motivo: nel breve periodo la gente deve parlare dell'evento, deve commentarlo, dobbiamo capire se ha funzionato o meno, dobbiamo trovare i punti deboli e quelli negativi. Quando tutto si sarà calmato, quindi circa 48/72 ore dopo l'evento, ecco che compare l'articolo finale! Un bell'articolo, magari con una foto, che riassuma tutto ciò che di bello hanno scritto i partecipanti alla serata. E chiuderei questo articolo così:

> "*Questo è stato soltanto il primo di una serie di eventi che la TUA SOCIETA' organizza nella TUA CITTA'. Infatti, come ci spiega TUO NOME, le collaborazioni con le altre attività sono moltissime e le idee non mancano. Quindi, consiglio a tutti di registrasi gratuitamente su Facebook alla pagina TUO INDIRIZZO FACEBOOK per rimanere sempre aggiornati! Vi aspetto numerosi!*"

Un articolo convincente, con una "call to action" semplice, gratuita e naturale in quanto le persone, mediamente, accedono a Facebook almeno quattro volte nell'arco della giornata.

Ovviamente tutte queste attività ti permettono di far conoscere la tua azienda, e i tuoi prodotti, a tutte le persone che gravitano nella tua città. Però non sarebbe bello avere la possibilità di invogliare anche chi capita in zona per caso a venirti a trovare? Magari potresti anche trovare nuovi clienti e ampliare il tuo bacino di relazioni! Certo che sarebbe bello e lo sarebbe ancora di più se tutto questo fosse gratis! Ebbene, ancora una volta la tecnologia ci viene incontro con un altro social media completamente gratuito: FourSquare !

FourSquare

Questo social network, nato nel 2009, è costituito da un'applicazione (app) per smartphone di ultima generazione, che ci consente di dire dove siamo, mettendo in moto un meccanismo di "*gioco*" con i tuoi amici di FourSquare, attraverso i premi, ovviamente virtuali, in palio.

A prima vista sembra che abbia finalità esclusivamente ricreative ma, in realtà, può essere un utile strumento per vendite intelligenti. I consigli che gli utenti lasciano su questo Social Network possono indirizzare la clientela a visitare un locale piuttosto che un altro, ma soprattutto questo strumento ci consente di dare visibilità a sconti e promozioni “reali” inserendole nell’ambito di un contesto ludico.

Vediamo brevemente come funziona questa applicazione. Si basa sulla posizione geografica degli utenti permettendo loro di registrarsi, tramite un “check in” virtuale, nel locale in cui si trovano e di lasciare un feedback, che verrà immediatamente letto dai loro amici di FourSquare.

Come precedentemente accennato, questo social è molto simile a un gioco: l’utente guadagna dei punti per ogni locale in cui fa il check in e, in base alle volte in cui si registra in un determinato luogo, può raggiungere la “mayorship”, ovvero essere la persona che lo ha visitato maggiormente nell’arco di sessanta giorni! Inoltre, a differenza delle varie recensioni che si trovano sul web, i commenti di FourSquare sono tutti reali, in quanto provengono da utenti che, in quell’esatto momento, si trovano in quel “determinato posto”: non hanno il tempo di riflettere su quello che devono scrivere, ma esprimono commenti a caldo.

FourSquare è nato per soddisfare le tue esigenze: in base ai tuoi gusti e a dove ti trovi, questo "social local mobile" sarà capace di offrirti quello che vuoi appena saprà che si trova vicino a te!

SEGRETO n. 15: registra la tua attività su FourSquare. Tramite promozioni mirate potrai invogliare le persone a entrare spesso nel tuo locale.

Connettiti subito al sito http://www.FourSquare.com/business e registra la tua attività, proprio come abbiamo fatto con gli altri Social Network.

Le categorie da riempire sono le stesse, quindi non ti annoierò ripetendole. Come sempre, controlla che tutto sia corretto e, una volta creata la tua attività, sarai pronto a ricevere le persone! Adesso, però, dobbiamo fidelizzare i clienti e per farlo sfrutteremo proprio le peculiarità ludiche di FourSquare .

Come ti ho detto in qualche riga precedente, ogni volta che fai una registrazione in qualche locale ottieni dei punti: che ne pensi di utilizzarlo come carta fedeltà? Proprio così! Quando una persona si registra nel tuo locale e raggiunge la carica di mayor, puoi offrirgli qualcosa: uno sconto su un particolare prodotto, un aperitivo o una cena in qualche locale convenzionato, un gadget, un buono acquisto… quello che vuoi insomma! Tieni presente che quando una persona raggiunge lo stato di "sindaco" (mayor) della tua attività, nella tua pagina FourSquare compare il suo avatar. Questa carica gli rimane fino a quando qualcuno non farà meglio di lui.

Ebbene, pubblicizzando varie promozioni e sconti esclusivi per il mayor, che possono attirare anche persone di passaggio, scatenerai una caccia al check in poiché tutti vorranno essere il mayor! In questo modo potrai ottenere più visite da parte dei vecchi clienti e avere nuovi visitatori. Del resto chiunque può accedere a FourSquare e, vedendo un commento positivo sulla tua azienda, può essere invogliato a venire a trovarti.

Vorrei chiudere questo capitolo dandoti alcuni semplici accorgimenti per iniziare una buona campagna marketing su FourSquare .

Preliminarmente, assicurati che il tuo locale o azienda, non sia già

presente, in modo da non creare "doppioni". Nel caso in cui qualcuno si sia appropriato indebitamente del tuo nome, potrai reclamarlo cliccando dal sito di FourSquare su "Claim your venue".
Offri sempre "qualcosa" per premiare chi fa il check-in nel tuo locale. Puoi offrire un premio ai clienti che effettuano un certo numero di registrazioni. Ricorda di diversificare i premi per i mayor. Puoi, inoltre, offrire premi a chi effettua il check-in in maniera regolare.

Infine tieni presente che FourSquare ti permette di sfruttare le attività di comarketing che hai stretto nel mondo "reale": puoi quindi offrire premi o sconti per chi effettua un certo numero di check-in presso il locale partner e, di conseguenza, lui farà lo stesso con te.

Anche in questo caso ti consiglio di fare una statistica dettagliata in modo da creare offerte personalizzate in base ai tuoi clienti. Per fare questo, FourSquare ti mette a disposizione degli strumenti analitici che ti permettono di capire in quale giorno della settimana ricevi più visite, il rapporto che c'è tra uomini e donne e la loro frequenza di check-in. Se sei un tipo dinamico, leggendo bene queste statistiche, riuscirai a essere sempre pronto ad accogliere nuovi clienti e a soddisfare nuove richieste!

RIEPILOGO DEL CAPITOLO 3:

- SEGRETO n. 11: devi conoscere anche il territorio in cui operi e far sentire importanti i tuoi clienti: devono vederti come un amico fidato con il quale fare un investimento.
- SEGRETO n. 12: chiedi ai tuoi clienti nominativi di potenziali interessati, o semplici curiosi, che vogliono avere maggiori delucidazioni sui tuoi prodotti. Ringrazia sempre, con una bevuta o uno sconto sul prossimo acquisto, chi ti ha dato il nominativo.
- SEGRETO n. 13: allaccia collaborazioni di co-marketing con altre realtà della zona con cui condividi un certo tipo di clientela.
- SEGRETO n. 14: organizza tu stesso degli eventi di intrattenimento. Puoi, ad esempio, trovare l’accordo con un bar e organizzare un piacevole aperitivo.
- SEGRETO n. 15: registra la tua attività su FourSquare. Tramite promozioni mirate potrai invogliare le persone ad entrare spesso nei tuoi locali.

Conclusioni

Sei arrivato alla fine di questo ebook. Spero che le informazioni che hai raccolto ti possano essere utili per iniziare a esplorare e comprendere il mondo del Web marketing. Ovviamente questo ebook non può che essere il primo gradino di una scala che può essere salita soltanto con impegno e determinazione.

La rete non è un modo più facile per raggiungere risultati velocemente e non può trasformare in redditizia un'attività di per sé carente. Però è un mezzo che, se usato correttamente, può incrementare le tue possibilità di farti conoscere. Come ogni strumento, può portare vantaggi soltanto a chi la utilizza seriamente.

Perciò non aspettarti alcuna magia da internet, ma rimboccati le maniche e cerca di farvi ingresso, per quanto esordiente, con un atteggiamento da professionista. E proprio in quanto tale, accetta di buon grado anche gli inevitabili insuccessi. Potranno essere comunque l'occasione per comprendere gli errori commessi.

Soltanto applicando organicamente un metodo, senza cedere all'iniziale scoraggiamento, ma armato di pazienza e buona volontà, potrai trarre vantaggio dalla rete, senza spendere cifre stratosferiche.

Ricorda sempre di porti degli obbiettivi concreti, che puoi effettivamente raggiungere, e ogni mese valuta a che punto sei: il bello di Internet è che puoi tenere facilmente sotto controllo il tuo operato e cambiare strategia in qualunque momento.

Così facendo, potrai investire il tuo tempo in qualcosa che davvero ti potrà portare un vantaggio.

Quindi, diversifica le varie azioni da compiere in: "azioni di fatturato", attraverso le quali al termine della campagna dovrai aver venduto qualche prodotto; "brand reputation", attività che, giunta al termine, dovrà consentirti di essere presente sui motori di ricerca, con un occhio di riguardo per Google; "azioni di relationship", che ti consentiranno di stringere rapporti con altre persone e aziende. Ricorda che la divisione tra le azioni deve essere netta: non puoi vendere e fatturare mentre fai pubbliche relazioni o mentre pubblicizzi il tuo marchio nei motori di ricerca.

Il mondo del web si muove velocemente, devi saper attendere il momento giusto e sfruttarlo al meglio. Se seguirai questa guida con determinazione e metterai in pratica, con convinzione, quanto letto, riuscirai a creare molti cambiamenti!

www.ingramcontent.com/pod-product-compliance
Ingram Content Group UK Ltd.
Pitfield, Milton Keynes, MK11 3LW, UK
UKHW022011190726
13853UKWH00004B/1882

9 788861 744073